GEORGES BOUSQUET.

Au commencement de 1853, un ami de Georges Bousquet le pria de lui donner quelques notes d'où il pût tirer une notice destinée à un recueil de biographie contemporaine. C'est en réponse à ce désir que la lettre suivante fut écrite. M. Alboize, à qui elle est adressée, mort quelques semaines avant Georges Bousquet, avait rendu l'autobiographie après en avoir exprimé la substance réduite à un petit nombre de lignes. On la publie en entier pour la famille et les amis de Georges Bousquet, pour ses enfants surtout, trop jeunes pour comprendre aujourd'hui la perte qu'ils viennent de faire, et qui trouveront un jour, dans ces pages empreintes de tous les sentiments honorables de leur père, les titres qui les obligent.

GEORGES BOUSQUET.

Mon cher Alboize,

Décidément je m'aperçois que vous m'avez demandé la chose la plus embarrassante. Je tiens cependant à ne pas vous déplaire. Je vais donc essayer de me tirer d'embarras comme je pourrai, et me lancer dans l'autobiographie. Ce sera votre faute.

Je suis né, le 12 mars 1818, à Perpignan (département des Pyrénées-Orientales). — Mon père était dans l'administration des postes, et fort amateur de musique. Il n'était pas moins assidu aux représentations d'opéra et d'opéra-comique qu'aux fêtes musicales de l'Église, où il faisait lui-même sa partie, chantant tellement quellement, mais avec une bonne voix de haute-contre. Il me mena de très-bonne heure avec lui dans ces différents endroits où j'entendais de la musique, et dès l'âge de sept ans je tenais assez proprement un violon et un archet dans mes mains. J'avais huit ans lorsqu'on forma une maîtrise à la cathédrale, et je dus à mes dispositions musicales autant qu'à une très-jolie voix, d'être fait d'emblée premier enfant de chœur; ce qui fit que je m'égosillai pendant deux ans tous les dimanches au lutrin. Au bout de ce temps, mon père ayant obtenu pour moi une bourse au collége, je quittai la maîtrise, et, tout en continuant le latin, je n'abandonnai pas la musique, car chaque année on me faisait chanter et jouer du violon à la distribution des prix. — Et mon vieux maître de musique réclamait fréquemment mon concours les jours de grande fête dans quelqu'une des paroisses de la ville. Il m'amenait même de temps en temps, lorsque mes pensums me le permettaient, aux fêtes de village, où l'amour et la propagande de l'art l'attiraient non moins que l'appât d'un copieux et succulent dîner chez le curé. Après avoir chanté la messe le matin, nous faisions danser les jeunes filles le soir. — Il va sans dire qu'au collége, la plus grande partie du temps, les récréations se passaient pour moi le violon à la main. — Cela dura ainsi jusqu'en 1833. Cette année, j'interrompis tout à coup mes humanités. A l'uniforme d'élève de l'Ecole polytechnique qu'on me montrait en perspective, je préférai le titre d'élève du Conservatoire. Mon frère aîné partit pour Paris. Il me fut impossible de le voir partir seul. D'ailleurs un artiste distingué de la capitale, M. Vidal, alors chef d'orchestre du Théâtre-Italien, m'avait entendu jouer du violon pendant l'un des voyages qu'il faisait fréquemment à Perpignan, où demeuraient sa mère et quelques-uns de ses parents. Il m'avait trouvé des dispositions, et offrit ses bons et généreux services à mon père, dans le cas où l'on se déciderait à me laisser envoler du toit paternel.

J'arrivai à Paris au mois de juillet 1833. Mon premier soin fut de me procurer un emploi qui me fît n'être pas à charge à ma famille. J'entrai comme alto à l'orchestre du Jardin-Turc, où l'on venait pour la première fois d'ouvrir des concerts en plein vent. Au mois d'octobre suivant, je fus admis comme second violon à l'orchestre du Théâtre-Italien. De ce moment commence véritablement mon éducation musicale. Je me souviens qu'au premier ouvrage dans lequel je jouai ma partie (c'était *Anna Bolena*, chantée par la Grisi), je fus impressionné d'une singulière façon. Je sentis des espèces de piqûres d'épingle très-aiguës à la racine de mes cheveux, et cette sensation ne fit que se promener toute la soirée par la surface entière de mon épiderme. Je ne m'étais jamais douté de pareille chose. La vue de la salle Favart, splendidement éclairée, rayonnante de diamants et de riches toilettes, m'impressionna vivement aussi. Il me semblait que toutes ces belles dames avaient les yeux fixés sur moi. Ce qu'il y a de curieux, c'est que cela me rendit timide, moi qui ne l'avais certes jamais été jusque-là; mais timide à ce point que, lorsque peu de temps après je me présentai à l'examen d'admission au Conservatoire, je ne pus faire sortir juste aucune note du concerto de Rode, que j'avais cependant soigneusement préparé pour cette épreuve décisive. Je ne fus pas admis cette fois; je ne le fus que six mois après (1834), à la suite d'une seconde épreuve. On me mit dans la classe de M. Clavel, qui était répétiteur d'Habeneck. Soit que mes dispositions pour le violon ne fussent pas aussi brillantes qu'on l'avait cru, soit qu'il n'y eût pas entre mon maître et moi beaucoup de sympathie, au premier examen semestriel que je subis, je fus renvoyé. Il est vrai qu'ayant fait appel à mon ami Vidal, je fus réintégré dès le lendemain, mais, par malheur, dans la même classe. Au bout de six mois je n'étais pas en meilleure odeur de sainteté près de mon professeur, ou bien je n'avais pas su profiter de ses leçons; toujours est-il que, de mon propre mouvement, je ne jugeai pas à propos de m'exposer de nouveau à un renvoi pour cause d'incapacité; je demandai d'échanger la classe de violon contre une classe d'harmonie. On me l'accorda. J'entrai dans la classe de M. Elwart, lequel était alors en Italie, et que suppléait par intérim M. H. Colet. Je reçus des leçons d'harmonie de tous deux ; car le premier ne tarda pas à revenir et reprit ses fonctions de répétiteur de Reicha. Celui-ci mourut au moment où j'allais entrer dans sa classe. M. Leborne fut appelé à lui succéder. On réorganisa la classe de Reicha, et je me trouvai des premiers inscrits parmi les nouveaux élèves de M. Leborne. Cet excellent professeur, avec lequel je fis rapidement mon cours de contre-point et de fugue, me prit en affection. J'abordai avec lui la haute composition, qui n'était pas encore comprise dans le programme des études de cette classe, ainsi qu'elle l'a été depuis. C'était, de la part de M. Leborne, obligeance toute pure. Il fut même assez désintéressé d'amour-propre pour me faire recevoir à titre d'auditeur dans la classe de haute composition de Berton. C'était à la fin de 1837. En l'année suivante, c'est-à-dire quelques mois après, l'un et l'autre me jugèrent en état de me présenter au concours de l'Institut. J'y fus inscrit comme leur commun élève. Admis à ce concours le troisième sur la liste des six concurrents qu'on y admet tous les ans, et qui, cette année (1838), furent par extraordinaire au nombre de sept, ce fut la seule fois que je me trouvai à pareille fête, car cette même année je remportai le premier grand'prix de composition musicale. La cantate que j'eus à mettre en musique était intitulée : *la Vendetta*. C'était une scène à deux personnages, dont le sujet était tiré des mœurs de la Corse. Les paroles étaient de ~~M. le comte~~, aujourd'hui marquis de Pastoret. La partition en est gravée ; elle a été éditée par Meissonnier (rue Dauphine.)

Au mois de décembre de cette année, je partis pour l'Italie. J'avais continué jusque-là à faire partie de l'orchestre du Théâtre-Italien. Depuis deux ans j'étais passé du rang des seconds violons au rang des premiers.

Arrivé à Rome (janvier 1839), j'eus quelque peine à m'habituer à ce nouveau genre de vie si calme et si solitaire. Je songeais beaucoup à mettre mon temps fructueusement à profit; mais je n'ai jamais compris le travail qui reste en portefeuille. Mon plus grand tourment était donc de penser que pendant les deux années de ma pension en Italie, rien de ce que je ferais n'arriverait au grand jour. Cette préoccupation était constante; elle me conduisit à un bon résultat. J'eus occasion de faire la connaissance d'un prêtre de l'église Saint-Louis des Français. Dans cette église, qui appartient à la France, on célébrait tous les ans la fête du roi avec beaucoup de solennité. Il y avait messe en musique. Je parvins, non sans peine, car il fallait aller contre d'anciens usages, à faire comprendre au conseil de fabrique qu'il serait naturel que, pour une cérémonie toute française, ce fût un musicien, pensionnaire de l'Académie de France, à Rome, qui eût l'organisation et la direction de la partie musicale. La question d'économie me fut d'abord objectée. Le *maestro* italien qui avait l'entreprise de cette affaire ne recevait que cinquante écus romains (250 fr.) pour tous les frais d'orchestre et de chœurs. C'était peu effectivement. Cependant je ne reculai pas devant cet obstacle. Je proposai, à titre d'essai, une messe sans orchestre, nécessitant par conséquent un personnel d'exécutants moins nombreux et de moindres frais de copie. La proposition fut acceptée, à la condition expresse que je ne dépasserais pas la somme ordinaire. Je composai la messe à quatre voix sans accompagnement, dont je fis cette année même mon envoi à l'Institut. A Rome elle réussit si bien, qu'après la célébration du service divin, le prêtre supérieur de Saint-Louis des Français, qui avait officié, me complimenta de la manière qui pouvait me flatter le plus, c'est-à-dire en m'assurant que dorénavant ce serait toujours un pensionnaire de l'Académie de France qui serait chargé de composer la messe pour cette solennité. L'usage s'est en effet maintenu depuis lors, malgré nos changements de gouvernement. Grâce à l'initiative que j'eus le bonheur de prendre, tous les ans, un pensionnaire musicien peut entendre exécuter à Rome une de ses œuvres, ce qui certainement est la meilleure étude qu'il puisse faire, et ce qui n'avait pas existé jusque-là.

Je dois noter ici une autre preuve du bon effet de ma première messe : peu de jours après qu'elle eut été exécutée, je fus nommé membre de l'Académie de Sainte-Cécile de Rome et de la Philharmonique.

Après ma messe à quatre voix, je composai un *Miserere* à huit voix d'hommes avec orchestre. Ce fut mon second envoi à l'Institut. Ces deux ouvrages sont honorablement cités dans les rapports sur les travaux des pensionnaires de l'Académie de France à Rome, lus à la séance publique annuelle de la distribution des grands prix de l'Académie des beaux-arts, en 1840 et 1841.

Je renouvelai en 1840 ce que j'avais fait en 1839. Mais cette fois je composai une messe à grand orchestre. Par l'entremise de M. le comte de Rayneval, amateur très-distingué, qui, en sa qualité de premier secrétaire d'ambassade, était l'administrateur véritable des deniers de l'église Saint-Louis des Français, laquelle relève directement de l'ambassadeur de France, j'obtins un crédit de cent écus romains, avec faculté d'aller même au besoin jusqu'à cent vingt, pour les frais de l'exécution de ma nouvelle messe. Le jalon était décidément bien planté, malgré tout ce que pouvaient faire les *maestri* du cru pour entraver mes projets et m'empêcher d'arriver à mes fins. Le 1er mai 1840 vint donc consacrer en quelque sorte ma tentative du 1er mai 1839. Ce fut pour moi un grand bonheur.

Je ne demeurai pas à Rome tout le temps de ma pension. J'habitai Naples environ dix mois à différentes reprises, et fréquentai assidûment les riches archives du Conservatoire de cette ville, si célèbre dans l'histoire de l'art musical. Le séjour de Rome m'avait, pour ainsi dire, naturellement porté à la composition religieuse ; la vie de Naples changea complétement la direction de mes idées : je m'essayai sur un *libretto d'opera seria*. Deux actes de cet ouvrage formèrent mon troisième envoi à l'Institut, et reçurent, comme les deux premiers, l'approbation de mes illustres juges.

Je terminai le temps de ma pension en Italie en visitant les principales villes de ce pays, afin d'en connaître les plus importants théâtres. Après avoir passé le carnaval à Venise, je me rendis par Trieste à Vienne.

Arrivé en Allemagne, ce ne fut plus ni de musique d'église ni de musique de théâtre que je m'occupai, mais de musique de chambre. Le résultat de mon séjour dans ce pays fut trois quatuors pour deux violons, alto et violoncelle. Le premier fut essayé à Vienne, en petit comité d'artistes, tous nourris des œuvres des maîtres allemands. Leur bon accueil m'encouragea. Je fis mon second quatuor, que je commençai à Vienne et terminai à Berlin, où je trouvai encore d'excellents artistes plein de bon vouloir, qui l'essayèrent et m'en témoignèrent leur satisfaction. Cela me mit en goût, et j'écrivis dans cette ville un troisième quatuor tout entier, dans l'espace d'un mois.

Mais mon voyage à Berlin avait principalement pour but de faire la connaissance de Mendelssohn, dont j'avais connu à Rome la sœur, mariée à un peintre du roi de Prusse. Cette sœur de Mendelssohn, Mme Hensel, était douée d'une organisation musicale aussi supérieure que son frère. Il régnait d'ailleurs entre le frère et la sœur la plus vive sympathie. Je regarde comme un des plus grands bonheurs de ma vie d'avoir vécu dans l'amitié de cette femme remarquable, et d'avoir pu par elle connaître et apprécier l'immortel auteur de *Paulus* et d'*Elias*. Malheureusement, la sœur et le frère ne sont déjà plus de ce monde : les liens qui les unissaient étaient si étroits qu'il semble que la mort de l'une ait causé la mort de l'autre.

Je fus reçus dans la famille Mendelssohn, famille vraiment patriarcale, avec la plus affable cordialité. Tous les jours j'y allai tant que je demeurai à Berlin ; j'avais souvent avec Mendelssohn de longs entretiens pleins d'intérêt pour moi ; et j'eus l'inappréciable avantage de pouvoir librement soumettre au jugement du plus grand compositeur que l'Allemagne ait possédé depuis Beethoven, les fragments de mon troisième quatuor au fur et à mesure que je les écrivais. — C'est ce même quatuor qui a paru, il y a un an, chez Brandus (rue Richelieu), et que, par un sentiment de pieux souvenir et de sincère reconnaissance, j'ai dédié à la mémoire de Félix Mendelssohn-Bartholdy. — Enfin, pendant un second séjour que je fis à Dresde, en quittant Berlin, mes trois quatuors furent exécutés dans une réunion intime des plus éminents artistes de cette ville, par les frères Schubert, de la chapelle du roi de Saxe. Autant que je pus me fier à la sincérité de leurs témoignages d'estime, je jugeai que je n'avais perdu ni mon temps ni mes peines dans cette terre classique de la musique instrumentale.

Je revins à Paris à la fin de 1841, après environ trois ans d'absence. Je m'y mariai dès mon retour. On trouva que c'était bientôt, je n'ai jamais eu depuis lors occasion de m'en plaindre ; au contraire.

Encore sous l'impression de mon voyage d'Allemagne, je composai, pendant l'année 1842, un quintette pour deux violons, alto et contre-basse ; un sextuor pour flûte, hautbois, clarinette, basson et deux cors; et une ouverture à grand orchestre, laquelle fut exécutée au mois d'octobre, à l'Institut, le jour de la distribution des grands prix de l'Académie des beaux-arts. En outre, j'avais adressé à l'Institut, comme envoi de quatrième année, et conformément à un règlement nouveau, des fragments d'*opera buffa* et d'opéra-comique français. Cet envoi fut encore honorablement mentionné dans le rapport du secrétaire perpétuel.

Le moment était venu d'entrer sérieusement dans la carrière, et, comme tant d'autres, j'en trouvai les portes à peu près hermétiquement closes. Je n'avais connu jusque-là que le beau côté de la vie d'artiste; j'appris alors ce que c'était qu'un directeur de théâtre; et je vis tomber une à une, mais rapidement, toutes les illusions qui avaient brillé devant mes yeux d'une manière si séduisante tant que dura mon voyage en Italie et en Allemagne. Dans ces pays étrangers j'avais trouvé des égards personnels qui m'avaient fait croire que j'avais quelque valeur; ce fut un cruel mécompte, lorsqu'il me fallut, en France, dans mon pays, descendre, bon gré mal gré, de l'espèce de piédestal où mon amour-propre m'avait élevé, et que je me vis presque aussi petit garçon qu'avant mon départ.

A cette époque Cherubini mourut; M. Auber fut nommé directeur du Conservatoire. A son entrée dans ses nouvelles et importantes fonctions, l'auteur de *la Muette* conçut un projet qu'il est bien regrettable qu'il n'ait pu entièrement réaliser. Il m'en fit part un soir que nous nous rencontrâmes chez M. Mélesville. Ce projet consistait à faire représenter chaque année par les élèves du Conservatoire, dans l'école même, un opéra-comique composé par un pensionnaire de l'Académie de France à Rome, lors du retour de celui-ci à Paris. Ce projet me sourit d'autant plus que je n'entrevoyais aucun autre moyen de me produire pour la première fois devant la rampe. M. Auber me proposa de commencer l'expérience, ce que j'acceptai de grand cœur. Je me mis d'abord en quête d'un libretto; ce fut difficile à trouver. Après bien du temps perdu en allées et venues, je mis enfin la main sur un auteur d'assez bonne volonté pour me sacrifier une pièce. Je ne fus pas longtemps à me mettre à l'œuvre, et j'eus bientôt terminé. Ce fut l'exécution qui éprouva plus d'un retard, tantôt pour une raison, tantôt pour une autre. Elle n'eut lieu qu'au mois de mai 1844. M. Crosnier, alors directeur du théâtre de l'Opéra-Comique, voulut bien venir à la salle des Menus-Plaisirs entendre mon ouvrage, qui s'appelait *l'Hôtesse de Lyon*;

il paraît qu'il en fut content, puisque, peu de jours après, il me confia une pièce en un acte de MM. Armand et Achille Dartois. En me la remettant, il m'assura qu'il me faisait un véritable cadeau, me disant que je n'aurais rien perdu pour attendre. Je n'y regardais pas de si près : j'aurais mis volontiers en musique *le Moniteur universel*. Je ne songeais qu'à profiter de l'apparente bienveillance du directeur ; je travaillai vite, trop vite peut-être, à ma nouvelle partition. Elle fut jouée, sous le titre du *Mousquetaire*, au mois d'octobre de cette même année, et n'eut que trois représentations. La critique déchira le libretto à belles dents, et, sauf une ou deux exceptions, me traita avec indulgence. Mais cette chute, c'en était une complète, fut une bien amère déception pour moi. J'en ressentis un profond dégoût pour la carrière de compositeur dramatique ; je pris la résolution de renoncer à cette carrière, convaincu que je m'étais stupidement trompé dans ce que j'avais cru ma vocation. Alors je me rappelai que je jouais autrefois du violon, et je redemandai des moyens d'existence à cet instrument, en donnant des leçons.

Vers cette époque, ma bonne étoile me fit faire la connaissance du directeur du journal *l'Illustration*, M. Paulin, l'homme le plus obligeant, l'ami le plus dévoué qui soit au monde. Il eut la bonté de me demander quelques romances pour son recueil périodique. Je les fis, et elles parurent en 1845, sans que pour cela je me crusse en opposition avec moi-même sur le parti pris de ne plus composer.

Mais voici une autre phase de ma vie. Un soir que nous devisions avec M. Paulin de la pluie et du beau temps : — « Pourquoi, me dit-il, n'écrivez-vous pas des feuilletons de musique ? — A cette apostrophe lancée à brûle-pourpoint, et à laquelle je ne me serais jamais attendu, je restai stupéfait. — Il y a tant de gens, ajouta mon aimable interlocuteur, qui écrivent sur la musique sans en savoir le premier mot, qu'il y aurait bien du malheur si ceux qui l'ont apprise et la savent ne s'en tiraient pas au moins aussi bien qu'eux. — Mais, dis-je, comment m'y prendre pour écrire ? — Ce n'est pas une affaire : mettez tout simplement sur le papier ce que vous éprouvez et que vous diriez dans la conversation. — Jamais je n'oserai. Et la responsabilité qu'on endosse en faisant imprimer son opinion, que tout le monde peut lire ensuite, y pensez-vous ? tandis que des sottises dites dans une causerie, il n'en reste rien, ou presque rien. — Bah ! reprit en souriant cet excellent homme, tenez pour certain que la plupart de nos feuilletonistes les plus en renom n'y regardent pas de si près. Au reste, voici où j'en veux venir : je suis depuis hier propriétaire du journal *le Commerce ;* je vous charge de me faire, à partir de demain, un feuilleton musical par semaine ; je ne vous connais en ce moment aucune occupation qui mette obstacle à ce que je vous demande ; et vous recevrez en échange les appointements mensuels affectés à cette partie de la rédaction. — Mais !... — C'est bien, c'est entendu ; j'attends demain votre copie. » — Et voilà comme je suis devenu journaliste. Du mois de mars 1846 au mois de février 1847, je fis paraître tous les mardis, dans le journal *le Commerce*, un feuilleton que je signais d'initiales qui n'étaient pas les miennes, par une sorte de pudeur dont je ne pouvais me défendre, autant que par effroi. Au bout de ce temps la propriété de ce journal passa en d'autres mains, et M. Paulin voulut m'attacher à *l'Illustration*, pour la rédaction de la *Chronique musicale*. Je dois avouer que petit à petit je me suis accoutumé à voir sans trop frémir ce qui m'avait d'abord tant effrayé ; et maintenant je signe mes articles de mon nom et de mon prénom en toutes lettres, tâchant au moins d'apporter, à défaut d'autre mérite, de la conscience dans ce rude, ingrat et bien difficile labeur de la critique.

A peu près vers ce temps-là, une occasion se présenta d'ajouter, comme on dit, une nouvelle corde à mon arc. Ma première éducation musicale s'était faite dans les orchestres ; je n'ignorais pas comment il fallait s'y prendre pour les conduire : je m'étais essayé dans ce genre de travail, qui demande certaines facultés particulières, en dirigeant l'orchestre d'une société d'amateurs avant que j'eusse le prix de l'Institut ; et à Rome, j'avais dirigé moi-même l'exécution de mes deux messes. M. Adolphe Adam venait d'obtenir le privilége de l'Opéra-National. On disait que ce théâtre était créé tout exprès pour faciliter aux jeunes compositeurs les moyens de se produire. Je retombai en tentation, et fis une visite au nouveau directeur, avec l'espérance d'en obtenir un ouvrage. Mais voilà que, dans le courant de la conversation, M. Ad. Adam me dit l'embarras où il était pour le choix d'un chef d'orchestre. Nous causâmes longuement à ce sujet ; et, s'étant aperçu sans doute, à mes paroles, que je n'étais pas étranger à la matière en question, je ne sais au juste comment cela se fit, mais, lorsque nous nous séparâmes, j'étais chef d'orchestre de l'Opéra-National. Les événements de Février 1848 amenèrent la fermeture de ce théâtre; sa courte existence me mit à même de montrer que, si je ne pouvais réussir au théâtre comme compositeur, j'étais capable d'y rendre honorablement des services d'un autre ordre.

Le Théâtre-National m'avait donc mis en évidence comme chef d'orchestre. En 1849, M. Ronconi, alors directeur du Théâtre-Italien, m'engagea pour diriger l'orchestre de ce théâtre, où j'avais autrefois été violon pendant cinq ans. J'occupai ce nouvel emploi pendant deux années, et en fus dépossédé par M. Lumley, lorsque cet entrepreneur anglais vint déranger tout à fait les affaires du Théâtre-Italien de Paris. Mais je n'ai pas cessé, depuis 1847, de paraître en public à la tête d'orchestres importants, notamment dans plusieurs festivals organisés par le comité de l'Association des artistes musiciens, comité dont je suis, depuis la même époque, l'un des vice-présidents.

En 1848, je fus appelé, par le ministre de l'instruction publique, à faire partie du jury du concours des chants nationaux, ouvert par ce ministre.

Quelque temps après, je fus nommé membre de la commission des arts et édifices religieux (section de musique) au ministère de l'instruction publique.

En 1852, j'ai été nommé membre de la commission de surveillance pour l'enseignement du chant dans les écoles communales de la ville de Paris; puis membre du comité des études musicales du Conservatoire.

Toutes ces fonctions, d'un caractère officiel, sont, bien entendu, gratuites.

Me voici arrivé au moment de faire, en finissant, une véritable confession. J'étais si peu guéri du mal de composer pour le théâtre, que, lorsque vous m'avez apporté, l'an dernier, le scenario de *Tabarin*, ç'a été comme une étincelle sur de l'amadou. Peut-être eût-il mieux valu tenir bon dans ma première résolution. Ce qui me le fait croire, c'est d'abord le refus que nous avons essuyé près du directeur de l'Opéra-Comique. Il aurait dû me guérir à tout jamais, si ce mal qui me ronge n'était pas, je commence à le soupçonner, incurable. Lorsque le directeur du Théâtre-Lyrique vous demanda la pièce, je n'y pus résister, et je me mis à l'œuvre comme si je n'eusse encore eu que vingt ans. Vous savez le reste. *Tabarin* a été représenté le 22 décembre 1852; l'opinion a bien voulu juger ma partition avec une extrême faveur; au demeurant, l'ouvrage n'a pas fait d'argent, c'est-à-dire qu'il n'a obtenu qu'un succès d'estime; et ce n'est pas sans peine qu'il a, dans l'espace de trois mois, atteint la vingt-cinquième représentation. La partition de *Tabarin* a été publiée chez Grus (boulevard Bonne-Nouvelle).

Vous avez voulu, mon cher Alboize, savoir de ma vie passée tout ce que j'en pouvais dire : vous voilà satisfait à cette heure. Peut-être trouverez-vous le récit bien long pour si peu de chose ; je l'aurais fait plus court si j'avais su mieux m'y prendre. La personne pour qui vous me l'avez demandé sera, je n'en doute pas, plus habile que moi.

Tout à vous.

GEORGES BOUSQUET.

Paris, 1er avril 1853.

Georges Bousquet est mort à Saint-Cloud, le 15 juin 1854, à la suite d'une maladie dont les premiers symptômes l'avaient depuis longtemps fatigué sans avoir abattu son courage. Ses restes mortels ont été conduits à Paris, où il a été inhumé le 17 juin, en présence d'un concours très-nombreux d'artistes et d'amis empressés de donner cette marque d'affection et d'estime à l'homme qu'ils regretteront toujours pour la noblesse de son caractère et la distinction d'un talent déjà apprécié par les maîtres, senti par les hommes de goût, et qui était à la veille de se révéler à tous.

M. le baron Taylor, président de l'Association des artistes, a prononcé sur la tombe un discours touchant, dont les éléments biographiques étaient empruntés à la lettre même qu'on vient de lire et qui lui avait été communiquée par la famille. Nous ne citerons du discours de M. le baron Taylor que la fin, comme le complément de l'autobiographie de Georges Bousquet :

« Nous ne pouvons, dit l'orateur, nous empêcher de rappeler un incident douloureusement remarquable : par une funeste coïncidence, aux dernières séances générales de l'Orphéon, au Cirque des Champs-Elysées, un chœur de sa composition fut chanté; la mélodie en était mélancolique et touchante; il avait choisi pour lui servir de poëme la strophe :

« Au banquet de la vie infortuné convive,
« J'apparus un jour... et je meurs!
. . . . »

« Le poëte était *Gilbert!* le compositeur descend dans la tombe à trente-six ans!

« Ce chant d'adieu à la vie était-il donc un pressentiment?

« Bousquet laisse après lui quelques œuvres posthumes : entre autres, un grand ouvrage en trois actes que le directeur du Théâtre-Lyrique a promis de faire représenter à la réouverture (1) : cette dernière œuvre inspire une si vive sympathie que l'un des anciens professeurs du compositeur, M. Leborne, a offert aux auteurs du poëme d'en suivre les répétitions et d'y faire les corrections nécessaires. Espérons, de la bienveillance et de la justice si généralement appréciée de l'administration de ce théâtre, que ce vœu suprême du jeune compositeur sera exaucé : que cette œuvre, la dernière qu'il avait écrite, viendra achever de populariser sa réputation dramatique, et que cet héritage encore inconnu qu'il laisse à sa famille éplorée deviendra bientôt un nouveau titre pour sa renommée.

« Cher et infortuné Georges, si, comme le poëte, un prompt trépas t'enlève au bel avenir qui t'était destiné, du moins cette douleur plus cruelle que la mort même et qui l'accompagna jusqu'à sa tombe isolée, *l'absence d'un ami qui vienne y verser des pleurs*, tu ne pouvais pas la redouter, toi que tant d'artistes d'élite, tous tes amis, viennent saluer ici de leur profonde douleur; toi dont le nom ne sortira plus de notre mémoire; toi dont le souvenir vivra toujours parmi nous. »

(1) Le directeur du Théâtre-Lyrique, M. Séveste, qui assistait aux funérailles de Georges Bousquet, est mort aussi quelques jours après. On espère que son successeur tiendra l'engagement qu'il renouvelait, les larmes aux yeux, en recueillant les paroles de M. le baron Taylor.

Paris. — Typographie de Firmin Didot frères, rue Jacob, 56.

www.ingramcontent.com/pod-product-compliance
Ingram Content Group UK Ltd.
Pitfield, Milton Keynes, MK11 3LW, UK
UKHW021017220726
13924UKWH00001B/33

9 782019 954666